JN418923

비만한 도시

한 선 향

ISBN 978-89-93643-03-9 03810

비만한 도시

한 선 향

작가콜로퀴엄 시인선

작가콜로퀴엄 시인선 ❾

한선향 제1시집 **비만한 도시**

차례

차 례

작품 해설

시집 머리에

황금찬(시인)

한선향 시인이 첫 시집을 상재한다.

참으로 기쁜 일이다. 시인이 첫 시집을 상재하는 만큼 기쁘고 영광된 일이 또 있겠는가.

한선향 시인은 『심상』을 통해 등단했다.

그는 또한 대구에서 서울까지 매주 시낭송 지도자의 자격을 얻기 위해 이 년 간을 한 번도 빠진 적이 없었던 열성적인 사람이기도 하다.

내가 한 시인을 처음 보았을 때의 인상이 참으로 귀티가 나고 정갈하고 품위가 있어보였다. 그 인상처럼 그의 시에는 질서가 있고 모든 것에 예의를 갖춘 그런 마음자리가 있다.

그는 좀 더 크고 높은 세계를 찾기 위해 중국이니 몽골 또 구라파 등등 먼 이국 풍조를 이해하려 여행도 많이 한 시인이다.

그런 여행이 없었더라면 작곡가 드보르작크가 미국을 보고 한없이 감탄하여 쓴 저 유명한 현악4중주 아메리카나 또는 첼로협주곡이나 신세계 심포니도 없었을 것이다. 우리가 시인 한선향에게 기대하는 것은 바로 이와 같다. 좀 더 크고 높은 세계, 살아있는 시세계를 펼쳐가길 바란다.

시는 우리들의 영혼과 같이 언제나 살아있다.

시가 만약 눈을 감고 죽는다면 우리는 너무도 크게 슬플 것이다.

한선향 시인의 시집은 독자들에게 눈 감지 않는 행복을 줄 것이다.

自 序

나는 시에 너무 늦게 발을 들여놓았다.
그래서 늘 작업에 서툴고 상상엔 시행착오가 생겼다.
부끄러웠다.
되짚어보면 내가 시를 썼던 것은
덜 미워하고 더 사랑하는 법을 배우고자 함이었다.
세상 모든 것에 긍정적이며 자만은 털어내고 싶었다.
이제 그 몇 년간의 수확물들을 드러내 보인다.
시에게 나와 함께하는 포근한 시간을
가장 많이 빼앗겼을 남편과 가족들,
글의 길을 함께 걸어 준 좋은 인연들,
그리고 이 늦깎이에게 용기와 격려를 준
선배와 선생님들 모두 감사드린다.
행복하다. 초여름 햇살도 눈부시다.

1

나는 열린 책

나를 다 읽지도 못하는 당신
내 온몸 발가벗겨 자꾸만 만지작거리네요
거칠게 벗겨낸 은박지처럼
구겨진 얼굴로
내 몸에 기어 다니는 작디작은 벌레들처럼
따라다니네요
베개에 얼굴 묻은 채 울고 있네요

나는 열린 책
검은 구름 위로
온종일 뜨고 내리는 헐거워진 마음
어깨를 짓누를 뿐이에요
그 어깨들 사이로 인정사정없이 들쑤시는
작은 벌레들
깊은 고랑 친 둔덕 사이로
내 몸의 경계 허물어버리네요

나는 열린 책
행간 오르내리며
자간을 꿰매는 질주 시작되면
긴 어둠 뚫는 횃불처럼
이윽고
당신의 울음 잦아드네요

완경(完經)

달마다 내 몸 하구(河口)에선
붉은 꽃이 피었다
물큰한 갯내음 어머니의 몸 냄새
내 몸 속으로 들어오기 시작하면서부터
내 안으로부터 뿜어져 나오는 비릿한 풍광은
꽃으로 오기 전 봄 한나절을
누렇게 바래주고 있었다
내 갈비뼈 사이에서 돌연 서늘해지고, 달아오르고
까닭없이 웃음 터지는 그 모든 것들이

어머니의 또 그 어머니의 꽃 내림이
내 살집 속에서 시큼해질 무렵부터
꽃향기도 없이 만발한 화원엔
검불처럼 떨어지는 꽃자루 두엄처럼 쌓여
수십 개의 바늘꽃 피워낸다
이제 비릿한 갯내음도 지워진 하구(河口)엔
적멸보궁의 고요, 선정에 든 와불
절 한 채 지어졌다

사각의 새장

내 얼굴은 네모로 만들어진 종이
그간의 삶 명료하게 요약했으나
내 영혼과 심성은 새장에 갇힌 새

어느 날
어느 누구의 기억 속에서
더듬이를 세우고 있는 그를
겸손하게, 때론 거만하게 두드릴 여러 겹의 내 얼굴

때론 구겨진 내 얼굴 내밀기 부끄러워
푸석하고 텅 빈 사각의 공간이
손등처럼 퍼런 힘줄로 불거지기도 한다

내 기억의 창고 속에서도
사각의 새장에 갇힌
수많은 사람들의 표정 들어 있다

검은 배경의 십자가

열차 밖 풍경들이
둥둥 물방울처럼 검은 밤을 떠다닌다
투명한 물방울로 내가 들숨날숨 빨려든다

검은 배경에 모텔이 뜨고 붉은 십자가도 뜨고
성냥갑 불빛들도 덩달아 둥둥 떠서
온 세상은 떠다니는 무덤이다

어둠이 짙어질수록 아득하게 멀어지는 별들
그 어깨선과 짝 맞추려다 보면
주눅 들어 쪼그라드는 내 물방울

나무 가지 사이로 눈빛 찡긋거리며
내게로 길 하나 내어주면
그득하게 모여드는
비만한 도시의 묘비들

섬뜩섬뜩 온갖 머릴 튕기고 젖히며
스윽 사라지는 붉은 십자가
어둠 살라먹고 가는 내 여정의 창가에
검은 배경의 붉은 십자가 어느새 떨구고 간다

간판

죽순처럼 솟아 있는 빌딩들
간판들이 뱀처럼 혀 내밀고 있다
그들에게 끌려오는 사람들마다
고개 갸웃거리며 저마다의 자화상을 본다

신장개업 〈장미의 화원〉 간판 밑에서
일당 오만 원의 춤을 추고 있는 어린 스트릭 댄서들
흘러가는 발걸음 낚아채고 있다
미니스커트의 간지러운 웃음들 바람의 무등 타고
허리춤 끌어내리는 시선들
벽에 걸린 아슬아슬한 나체 붉은 혓바닥으로
풀무질 하고 있다

광란의 몸짓과 일그러진 얼굴들
창백한 유령처럼
불빛의 완력 거두고 있는 밤
비명조차 지르지 못하는 간판 몸 파르르 떨고 있다

거미 브로치
–수많은 여성 납치 사건에 관한 개인적 견해

나의 자주색 코트 깃에 번쩍거리는 거미 브로치

쪽창 하나 없는 방, 가로 세로 줄 엮인 그들의 방은 끈끈한 미끼가 있었지 그 방은 음침한 곳이면 언제 어디서나 출렁이고 있어 그 자식들, 여린 것의 심장 파먹으며 히히덕거렸지

검은 명주실 고양이 환장할 것 같은 푸른 눈의 살기, 내게도 뻗어와 목 졸라매고 여기저기 멍든 상처, 난 한 마리 하혈하는 파랑새가 되어버렸어

그 순간 나, 거미줄의 숨결 뽑아버리기로 했지, 내가 들고 있는 건 엉성한 빗자루였지만 한 번 스칠 때마다 그들의 방은 무너져 버렸어
무너진 방에서 그때 빠져나온 거미 한 마리, 내 코트 깃에 악착스레 달라붙는 거야

나는 외출할 때마다 거미 브로치 달고 다니지
나를 향해 환한 햇빛 작살 내리꽂는 금빛 거미 브로치

가요방에서

가요방 조명 불빛 현란한 원 그린다
내 생애 최상의 배경음악인 트로트
버들가지처럼 흐느적거리며
봄날은 간다
내 손은 왈츠
내 다리는 디스코
엇박자로 삐걱거리던 일상 내 가슴 잘게잘게 씹는다
황홀한 불빛 아래 무섭도록 혼자 남은 나의 굴렁쇠
소리의 발악이 굴러간다
차디찬 술병, 위로가 되지 못하는 뽀글뽀글한 기
포 속
뼈도 살갗도 녹아내리는 집중조명의 한 순간
사각풀장에서 유영하던 올챙이들
방울방울 벽에 걸린다

달 건지는 남자

달빛 일렁이는 은박지 밤새 파도가 물어뜯었는지
푸르죽죽한 그 남자의 코끝에 달빛 한 자락 매달렸다
고달픈 세상사 덮은 검은 이불에 오래 묵은 어둠의 무게는 무겁다

나쁜 꿈에 깨어나 해진 그물로 남자는 달을 건져올린다
뭉툭한 손마디와 굽은 등 더욱 구부리는
그의 온몸은 달이 피워낸 서리꽃으로 가득하다

이미 화엄에 든 바다, 그 몸속 성큼성큼 들어가는 남자
버둥거리는 물살 뒤적거리자
그물에 걸린 달, 나쁜 꿈처럼 푸드덕거린다

동행자

어디선가 고단한 신음소리
땅거미 짙어질수록 깊어가는 한숨소리
저탄장 더미 위 환한 달빛마저
쪼그라든 빈 창자에 채워 넣던
빗물에 젖은 눈물, 땀방울이
비틀린 문고리에 달라붙고

무거운 짐 잔뜩 메고 있는 저 사람들
그 봇짐 내려놓으면
모두가 함께 가야하는 먼 길
하나씩 하나씩 나누다 보면
홀가분한 빈 몸

비워지면 채우고 채워지면
비워야 하는 우리네 삶
만남과 헤어짐 부산 떨고 지나다보면
돌아온 길 한참 뒤돌아보게 되는 것
너와 나 우리 모두 손잡고 함께 가리

맨발 길

실뿌리 같은 길 낡은 가죽신 벗고 긴 침묵 끌고 간다
거북처럼 웅크리고 입 꾹 다문 사계절 박음질한다
한 뜸 한 뜸 관절을 깁고 기워 짜깁기한 자리마다
시간의 검은 찌꺼기 채워지고
온몸으로 감아올리는 바람소리 엉키듯 엉겨 붙어
맨발 길의 가슴은 뻘 한켠의 갈대밭이다
언제나 북소리가 난다

어느 날 동대구역 대합실

사월이 드르륵 대합실 문 열다
딱딱한 대리석 바닥을 못질하며 가는 하이힐 소리
숭숭 구멍 뚫린 스펀지와 마주 선다
그를 보자 숨어있던 하이힐의 발화점 일시에 폭발한다
백수란 명함이 하이힐 향해 고개 숙인다
스펀지 입에선 오늘도 단감 냄새가 난다
삐죽삐죽 내민 스펀지의 거친 풀들
기적소리에 바둥거리는 오후 할퀸다
바위에 붙은 빈 조개껍질 같은 하이힐의 그렁한 눈물
스펀지 속으로 스며든다

마음 한곳 비우고 몸 한곳 떨구고 가는 사람들의 뒷모습
멍하니 바라보는 하이힐과 스펀지
저만치 전광판의 숫자가 바뀌고 있다
대합실 창문 너머로 목련의 미소가 벙긋거린다

화려한 외출

달랑 '빽' 하나 든 여행치곤 화려한 외출인 것 같아
갈색머리 젤 바르고 마스카라 속눈썹 커튼인 듯
깊은 눈 속에 백사장과 갈대꽃들의 풍경, 그녀는
바바리코트 깃 세우고 마치 배경처럼 서 있었던 거야
기적소리가 그녀를 끌고 커다란 지네 한 마리 속으로 들어갔어
지네의 알들 뭉클뭉클 쏟아내고 다른 알들 집어 삼키곤 했지
그녀 '빽' 안엔 홀로 가는 종점의 티켓이 들어 있었지만
붉은 빗살무늬노을 알집들의 창가에 눈부시게 걸터앉아 동행해주었고 앞가슴의 장미 그녀 얼굴에 화사한 붉은빛을 태우고 있었어
온몸 훑고 가는 빛 무더기 그녀 몸속으로 차오르는 어떤 열기가
수많은 알들을 꽃으로 피우고 있었어
출렁이는 그녀 긴 스카프, 커다랗고 징그러운 지네처럼
갈대꽃 속에서 환하게 웃고 있었어

해변의 누드사진
–샤드풍으로

파도 난간에 기대인 나
펑펑 셔터를 눌러대네요

물너울 타고 오는 물새들 끼룩끼룩
이쪽저쪽 분주한 갈매기 떼
바위 위에서
뿌연 정액 풀어 놓네요

살랑살랑 옷 벗기네요
벗어버린 모래사장에
광폭한 팔뚝들이 굴러다녀요

내 몸에선 물비린내, 꽃잎의 비린내가 나고요
기다란 팔뚝들이 칭칭 내 등에 감겨오네요

사생아 같은 꽃들 피어나는 해변이
기우뚱
출렁이던 바닷물이 와락 쏟아지네요

오징어 덕장에서

꼬챙이에 꿰어진 죽음을 본다
햇빛과 달빛 번갈아가며 노질하는 사이
비린 해풍에 야위어가는 몸뚱이
뻥 뚫린 가슴 한복판은 누구를 향한
편지의 흔적인가
한 굽이 세찬 물살 놓쳐버린 먹물 구름집
검은 피톨 가둔 무덤, 내 몸에 피어나는 붉은 꽃잎
이다
그 무덤 안에서 피워 올리는 환생의 꽃이다
온몸으로 나를 보는 숨 쉬지 않는 저 생명들
무거운 바다 온통 짊어지고 떠 있는
십자가에 못 박힌 예수의 상을 본다

도화살

잿빛하늘 음산한 먹구름
불빛 하얀 식당으로 한 사내가 들어선다
양 볼에 우물정자의 여주인 몸매가 유난히 흔들거린다
양파 속처럼 하얀 젖가슴
식탁 위 큰 물주전자의 뜨거운 김에 붉은 꽃잎 피어난다
사내 얼굴에 닿는 그녀의 입김 바지직 바지직 타는 냄새 난다
통 자루 같은 그녀 몸 흔들릴 때마다 방울소리 통통 구른다
간드러진 그녀 혀, 몸 비틀며 타오르는 난로의 불꽃마냥 널름거린다
그녀의 치맛바람 사내 앞에서 풀무질하는
오늘 하루 그녀 생활의 한 페이지다

커브길 품고 사는 여자

그녀 집 모퉁이에는
지하상가로 통하는 나사형의 계단이 있어
외출하는 그녀의 몸도 꼬불꼬불 몇 구비를 돌아야 한다
달팽이 속살처럼 삐져나오는 그녀의 불평은
나사형의 계단이 아닌
한 번도 자신을 향해 초점이 맞춰지지 않은
거리의 배반감에서다
눈에 훤히 보이는 가까운 거리인데도
늘 몇 구비 커브를 돌아야만 하는 그녀의 여정

허리가 휘일 정도로 돌고 돌다보면
아이들이 치는 팽이채가 생각난다
팽이채로 치는 팽이처럼
팽글팽글 도는 기쁨
팽글팽글팽글 돌지 않을 수 없는 슬픔
커브길
그녀는 일생동안 달팽이집 같은 길을 품고 산다

폐타이어

한 골목길에서
사내의 발길질에
폐타아어처럼 굴러가며 여인이 울부짖고 있다
산발한 여인의 머리통이 사내의 손아귀에서
개가 먹잇감을 물어뜯듯 뜯기고 있다

저들도 한때는 서로의 다정한 눈빛으로
사랑을 주고 받았으리
손 마주잡고 따뜻한 미소 건넸으리
지독한 사랑 뒤에 숨은 더 지독한 사랑이
타고 남은 잿더미가
이처럼 그악한 미움으로 쌓이다니

발끝에 독을 풍기고 있는 사내
그 발길에 채여 폐타이어처럼
데굴데굴 굴러가는 여인
뻥 뚫린 가슴인 채로 굴러가는 여인
어쩌다 여인은 저렇게 폐타이어가 된 것일까

가슴이 큰 여자

L이라는 시인이 S라는 시인에게
끈질기게 물고 늘어지는 말
당신은 가슴이 큰 여자야
힐끗 S시인의 가슴을 훔쳐봤다
두 봉의 볼록한 가슴
여자라면 그 정도는……
연극 한 장면이 끝난 무대 위 장막처럼
운무를 배경으로 언어들의 잔치가 한창인
어슴프레한 구일못 가에서
곰삭은 인생의 둥글고 너그러운 대화들이 오고갔다
S시인의 가슴에 집요하게 레이저광선을 쏘고 있는 좌중에
그녀가 큰 숲 되어 다가왔다
푸른 피 돌고 있는 숲이 뿌움한 안개 속에서
질척거리는 내 안의 길을 따라
성큼성큼 걸어 들어왔다
갇힌 못물의 황소개구리의 울음이
산짐승의 신음처럼 무겁게 깔린다
몇몇 길을 내고 있는 야생화들도
한 방울의 빗방울마저 놓칠세라 함초롬히
환한 웃음 내 보인다
그녀의 가슴이 점점 크게 부풀어오른다
봉긋한 가슴이 뭉클하게 손에 잡힌다

태양을 좇는 나비

그녀의 뾰족구두가 내 마음을 꼭꼭 찍어 누를 때
그녀에게서 태양이 익는 냄새가 난다
태양을 좇는 그녀, 태양을 굽는 그녀, 뜨거운 태양의 입김이
목을 타고 넘을 때 팽창된 그녀 동굴 속에선 박하향 짙은
사랑이 일어선다
내 꿈틀대는 의식의 층계 밟고 올라가는 그녀의 뾰족구두가
태양의 과즙 흘릴 때마다 나의 꽃잎에선 꿈틀꿈틀 나방이 기어 나온다
나의 허기 팍팍 문질러 터뜨려주는 그녀의 노래는
벌겋게 달아오른 한 마리 얼룩무늬나비의 날갯짓 숨어 있다
바람이 머물다 간 흔적 숨어 있다
그녀의 뜨거운 시간들에 닿아 지지직 타는 나의 의식은
몇 개의 꽁트로 태양을 향한 송전탑에 저장된다

휠체어 소녀

문을 열면 풀잎의 이슬 또르르 굴러
문을 열면 별들의 언어 하얗게 부서지는 앞마당 달빛
문을 열면 대나무 발 사이 백양나무 잎사귀의 흔들림
문을 열면 부뚜막 옆 등 굽은 항아리 어머니의 쌀 씻는 소리
문을 열면 어린 날의 추억 붉은 샐비어로 피어 있는 장독대
문을 열면 적막에 구운 고요 가슴으로 파고드는

그 문을 열면 슬픈 눈동자 창문에서만 머무는
소녀의 하얀 얼굴이 보인다

11월의 흐릿한 경계

구석진 방에서 들려오는 전화벨소리
전화를 받으려다 멈칫거린다
계속 들려오는 저 숨 가쁘게 재촉하는 소리
마음 한구석에서 반란이 일어난다
받을까 말까
아직은 겨울이 먼발치에서 기웃거리는 것이지만
5시와 6시 사이는 늑대와 개처럼 휘발된 색감으로 바래져
그 흐릿한 경계가 나에게 더욱 우울한 침묵을 안겨준다
계속 울리던 전화벨 소리가 뚝 그친다 어떤 소리든
소리의 끝은 침묵의 울안에서 계속 귓속 공명을 이어간다
묵직한 저음이 회색 그림자를 느리게 느리게 끌고 오는 11월은
그 흐릿한 망설임으로 전화벨 소리를 풀어버리고
낮은 보폭의 행간 사이 헝클어진 시간들을 잠재우고 있다

2

남편, 70촉 전구가 되어간다

천장에 70촉 전구가 매달려 온 방 비추고 있다
환한 방 휘둘러보다가
아랫목에 앉아 있는 또 하나의 전구를 발견한다
정수리가 반들반들 빛이 나는 전구
가슴에 철심을 박고 온 가족 지켜온
해처럼 탱탱한 전구
해와 달과 따뜻한 눈빛 교행하는
우리들의 환한 배경

식구를 지금까지 밝게 비추인 건
저 해와 달 그리고 방안의 전구 당신,
이제는 의자에 떡하니 앉아 70촉 전구가 되어가는
내 남편, 애들 아빠, 할아버지가 된 당신,
칠십 평생을 저 해와 달 그리고 온 식구를 향해
따스하게 내리쬔 당신,
내 남편, 70촉 전구가 되어간다

내 기억의 깊은 우물

내 기억의 깊은 우물 속 들어온 남자
서서히 고개 든다
탑처럼 서서 보랏빛 등 켜드는 남자
나는 깊은 우물의 심장을 열고 남자를 끌어 들인다
어둠이 조금씩 잎 트고 꽃송이 달무리 일듯 퍼진다
잎과 꽃들의 뒤켠엔 무수히 박음질한 날들
실밥 터지듯 절정의 순간을 터뜨린다
웅덩이에 얼어붙은 기억이 서서히 뛰기 시작한다
잎과 꽃들이 우듬지를 향해서 제 몸을 쳐올리는 순간
내 깊은 기억의 우물엔
매일 매일 새록새록
분홍 새살 돋아난다

미루나무 잎새 하나

내가 창가에서 옷을 갈아입을 때
등덜미로 스멀거리는 눈빛
매번 감시당하는 느낌이었는데
어느 날 문득 나를 훔쳐보는 그것
한곳에 꼿꼿이 머물면서 나를 지긋이 내려다보는
눈 하나
외롭고 고달픈 만년의 고독 창밖으로 던지며
스타킹 하나둘 접어 내리던,
매달린 종일의 피로가 옆구리에 디룩디룩 살로 겹쳐
옷이 잘 내려가지 않는 알몸을,
불빛 한 가닥으로 껴안아 주던 그 눈길
창밖의 미루나무 잎새 하나 눈 환히 뜨고 있다

양파

베란다 구석 오래도록 방치해 둔
검은 비닐 속 선택되지 못한 양파 하나
제 몸 물기 다 내 주고 파란 싹 틔우고 있다
오기마저 말라버린 쪼글쪼글한 몸뚱이에서도
제 몸 한 촉의 싹 밀어내는 질긴 생명력
나의 쪼그라진 감성에도 푸른 새싹의 시어들
밀어낼 수 있을까
한 계절 다 가도록 무심했던 나
게으른 잠의 한쪽 열며 기지개 펴본다

햇볕 쏟아지는 창가
물 컵 속 초라한 몸 안치시킨다
시커멓게 들러붙은 얼룩의 더께 벗어가며
하얀 생명줄 수없이 뿌리 내려
여왕처럼 앉아 있는 모습
아하 그렇구나 그런 것이구나
온통 초록의 색으로 답하는 그것
햇빛의 입자들과 물의 분자가 갖는 꿈
그 꿈의 심지 뿌리 내리고 싹 틔울 때
내 시어도 새 살 돋아나듯
다시 살아날 수 있다는 것

시간 창고

수십 년의 시간 그녀 창고에 쌓여 있었지
일상은 매일 비가 내려 곰팡이 슬어 있고
먼지 쌓인 층계는 권태롭고 나른한 하품들 켜켜이
시선 언제나 먼 산꼭대기에 걸어둔 채
바람이 이따금 씩 잎새 흔들어주기만을

그녀, 이제야 뒤늦게 시간을 일으켜 세우고 있지
처음부터 다시 책갈피마다 혼자 자습해야 하는
고통의 물음표 하나씩 풀어보고 있지
꽃피지 못했던 나무에 물도 주면서 떠돌던 햇빛
흔들거리는 바람의 손 마주잡고
그녀 집 베란다에 꽃대를 올리고 있는 중이라네

어둠의 살 올리는 바쁜 손길
또 다른 시간 창고를 짓고 있는 중

꽃잎의 법칙

나 어릴 적
엄마의 두 폭 치맛자락 사이로 피어오르는
꽃잎을 뜯어먹으며 자랐다
엄마의 성긴 바구니에 꿈을 담으며

나도 모르는 사이
보름달처럼 차오르는 꽃이 되어
꽃병에 꽂힌 풍경으로 서 있었다
둥둥 구름의 강 배 띄우며

어른이 되어
꽃잎 속에서 아이들을 툭툭 떨구어냈다
꽃잎의 전생은 사랑이었고
꽃잎의 미래는 언제나 꿈이었다

거역할 수 없는 윤회의 법칙은
빛과 그늘로 꽃을 피우기도 했고
꽃잎을 떨구기도 했다

지금 떨어지는 꽃잎
지워지는 발자국을 돌아보며
탱탱히 영글고 있는 씨방 속으로

잉태

유리창을 기는 물방울의 꼬리가 줄을 잇는다
온힘 다하여 밀치고 들어가는 힘센 물방울
물방울과 물방울의 만남은 얇은 가죽의 집에서
맑고 투명한 또 하나의 물방울 만든다
둥글고 온전한 방 속에 안착한 물방울
그때부터 하나의 달 잉태하기 위해
어떠한 틈입도 주지 않는다

각진 생각들 모서리 둥글게 다듬는
경건한 호흡 한 번씩 들이킬 때마다
달은 점점 크고 불룩해진다
단단한 경계 반짝 일어서는
만삭의 달은 오만하기 그지없다
둥글고 단단한 물방울 집 한 채
내 안에 환한 보름달 들어 있다

자개장

나 시집올 때 가져온
지금은 구닥다리로 남아 방 한구석에
짧은 다리로 버티고 선 파릇한 오기

감꽃 내리던 그 날
마른 솔향기 목판엔 바다가 온통 밀려와
금조개 껍데기 무릉도원 쌓던 밤
학 날아오르고 공작새 깃치고 사슴 뛰노는,
내 가족의 삶이 영글어가는 소슬한 바람도 있었지

언제부터인가 자꾸만 작아지는 허름한 자개장
긁히고 멍든 자국 드러날 때마다
애틋함 내 몸에 두드러기처럼 돋아나
아련한 슬픔 십장생 머리 위에
구름으로 떠도네

나 시집올 때 가져온 저 자개장
실직한 가장(家長)처럼 서 있네

거조암 오백나한

대낮인 양 환한 영산전
꼿꼿이 고개 쳐들고 들어선다
빽빽이 둘러앉은 까까머리 존자들
무섭게 눈 부릅뜬다
점잖게 좌정하고 있는 나한들 립스틱이 너무 야해
택사스촌 들어선 듯 어리둥절
대충대충 훑고 지나가는 치맛바람
오백나한 엄한 꾸중 폭우처럼 내린다
부끄러워 무릎 꿍, 세우는 정강이 사이로
더운 이슬 고인 밤 풀여치 울음소리
겉도는 마음 거두어 허리 굽혀 머리 조아린다
허옇게 굽힌 내 기도
속세에 절은 마음 동강동강 끊어내니
다가오는 존자들, 달아오른 눈빛
색즉시공, 부처의 몸
여기 있었네

법당에서

문득 눈을 뜨니
새벽 종(鐘) 울리더라

속세의 온갖 번뇌가
등(燈)가지에 걸려 대롱대롱

어느 한 보살님
자꾸자꾸 조아대는 깊은 사연

들으셨나
빙그레 미소 짓고 바라보는 부처님

(무에 그리 힘드냐고
모든 것 다 비워내면 될 것을)

어여삐 여기는 연민의 정(情) 있어
석가 탄일 연등이 빨갛다

나는 매일 화장을 한다

위턱구름 노을 지는 얼굴 민망해
나는 매일 화장을 한다
부끄러운 과거의 허물 하나하나 지워가면서
깊어진 시간 파운데이션으로 메꾸고
처지는 눈꼬리 푸르게 치켜 올리며
돋아나는 검버섯 비비크림으로 꾹꾹 찍어 누른다

그릇 부딪는 소리 잦아질수록 내 콧등은 자꾸만 올라가서
손톱마다 빨간 꽃무늬비
저녁노을까지 붉게 물들인다
자꾸만 짧아지는 목에 잔물결 일렁이고
볼타고 내려오는 눈물 잠재울 수 없을 때
저녁노을, 구름들, 꽃무늬비
화장대 위에 쏟아놓고
나는 매일 화장을 한다

새 봉분 하나

점점 커지는 브레지어 사이즈 따라 봉분 하나씩 늘어나
각각의 이름표 달고 있는 내 옷장 한켠에 쌓여 있는 쌍쌍의 봉분들
팽팽히 달아올랐던 먼 기억 뿌리엔
수천 번의 유즙을 뽑아 올렸던 펌프가 걸려 있고
우뚝 세운 산처럼 사랑이라는 이름 앞에 자존심까지도
사려 깊게 포장했던 두 봉우리 한 번씩 발구를 때마다
노란 유채꽃 일제히 물결 이루며 차르르 윤기 흐르던
누런 젖물 빨아 유채꽃 축제가 한창이던 초유 같은 시절
부풀어 올랐던 두 봉우리 타이어 공기 빠지듯 스르르 침묵으로
정지해버린 시간들 어느 순간에 쭉정이로 남아서
헛기침 굽어드는 서랍 속으로

무너진 시간 다시 볼록하게 채워 줄 새 봉분 하나
옷장 못에 걸어놓고 싶다

수성못 어느 뮤직카페에서

칸소네가 촉촉이 저음으로 젖어드는
수성못 어느 뮤직카페 창문
출렁이는 내 그림자 박힌다
뜨겁게 마주 앉은, 나를 마구 퍼질러 놓은
술병 하나
허기진 나를 마셔댄다

당신과 나
불면을 저장하던 오랜 문장의 행간 사이로
홀씨되어 흩어져 버린 미련이
내 가슴에 플러그를 꽂는다
수성못가로 불끈불끈 솟는 불빛기둥처럼
심지에 불붙은 추억
실핏줄 사이사이 온몸으로 잦아든다
그리움도 술처럼 익어가는지
귓불 붉은 나의 푸념도 수면 위로
데굴데굴 몸 부풀리며 굴러간다

수의 입은 미꾸라지들

수의 입은 미꾸라지들 하얀 쟁반 위 줄지어 있다
그들 가슴 벙싯 솟아올라 봉분 쓰고 누워
몇 겹 생을 매단 그들의 보금자리 생각하고 있는지
뜨겁게 몸 달구던 절정의 순간에도
유영하던 자유의 품 속 잊을 수 없어
눈 감지 못한 허연 눈망울
마른 침 삼키며 들여다보는 사람들의 목구멍
올려다보고 있다

탁탁 튀는 고온의 열 받은 구리빛 몸뚱이
일렬로 열 세운 사열식장
노가다 김씨와 박씨 허기 달래주는
막걸리 한 사발과 동행하는 길이라고
쟁반 위 꼬리만 남은 유언들
한 무더기 침묵으로 내가 문상하고 있다

우울한 입

버들식당 앞 연못
나는 반나절 이곳에 앉아 있다
오늘도 바람은 구름을 안고 이리저리 쏠려간다
발밑 연못 속의 입들도
먹이 따라 이리저리 쏠려가며 소리 없는 아우성이다
먹이를 던져주던 내가 차츰 바람처럼 흔들린다
살아야겠다고
줄곧 나를 향해 오물거리는 저 입들
문득 저 입들과 포개어 떠다니는
물에 비친 내 입을 본다
물고기가 소리 없는 오물거림으로 아우성치듯
뒷좌석에 관객으로만 뜨는
침묵이 고여 우물이 된 나의 입
몇 덩이 구름이 떠와서 기우뚱
연못 속에 제 그림자 던지고 간다

새벽을 클릭하다

빙빙 밤하늘만 떠돌던 마우스
새벽을 클릭한다
밤 사이 수정치 못한 액정들
또 한 번 초광속 키판을 열어
질펀한 춤판 벌인다
신열에 들뜬 음계 하나씩
키보드 위에서 난타를 친다
구겨진 파지 수북이 쌓이는 몸체
마우스가 이동할 때마다
화살촉에 매달리는 하품하는 고양이
팽팽하게 당겨졌던 활선 거두고
난간 위의 시간으로 어슬렁거린다
달빛도 따라 팔짱을 낀다

졸고 있던 고양이 앞발 쭈욱 뻗으며 털 세운다
레이저광선의 붉은피톨 파닥파닥 튀어 오른다
화살촉이 닿는 곳마다 맥박은 살아난다
호흡들 가빠지며 그래픽으로 뜨는 고양이
서서히 새벽이 발기한다

하얀 밤이 나를 번식시킨다

밤이 하얗다
나를 박차고 달아나는 밤은 대낮처럼 하얗다
무수히 뒤척일 때마다 버석거리는 밤은
다른 나를 수없이 번식시켜 왕궁을 짓기도 하고
허물기도 하며 장미꽃이 되었다 나비도 되었다……
카멜레온처럼 몸 바꾸는 나,
여러 개의 얼굴 뒤에 숨어
여러 개의 풍경 속에 나를 분산시킨다
기하급수적으로 번식하는 불면의 유충들, 애벌레들, 나비들,
증오하면서도 가면의 춤사위를 즐기고 있는 나
하얀 밤이 나를 자꾸 번식시킨다

수도꼭지 물방울들

똑똑 떨어지는 수돗물 소리
베란다 한끝에서 자정 넘어 침묵을 흔들어댄다
수도꼭지에서 떨어지는 물방울들
점점 몸 부풀리며 큰 강에 이르기까지
시작과 끝을 관통하며
잴 수 없는 속도에 실려 갈 시간 재고 있다

수도꼭지에 매달린 물방울들
철망 낀 검은 하수구로 스며들기도 하고
타일 위에 톡톡 튀어 오르기도 한다
삶이 상스러워 토사물처럼 토해내고 싶을 때 있다
낮은 곳으로 몸 낮추어야만 하는 본성을 깨뜨리고 싶어
자기 몸을, 물방울은 이렇게 한 번씩 튀어 보기도 하는 것이다

동파

한겨울
수도가 동파되었다
막혔던 파이프 응어리가 터져버린 모양이다
꽁꽁 얼었던 그 것이 터져버린 순간
수도꼭지는 본연의 순리를 역행해 헛돌아버렸다
안팎으로 얼어버린 속마음처럼 물의 길도 얼어버려
헛돈 꼭지의 터진 서러움이
분수처럼 뻗치는 것이다
침묵이 고인 응어리, 혀 끝 수다가
봇물처럼 쏟아지는 것이다
때로는 역행도 소통이다

미용실에서

"이 이상 자르면 모양 없게 돼요"
창밖에 비가 오고 빗줄기가 시멘트 바닥에서 톡톡
튀고 있었다

작년 어느 날 미용실의 이 의자에 앉아 머리를 잘
랐지
그이도 애들도 까맣게 잊어버린 내 생일 때문에
길가에 버려진 빈 콜라병이 애꿎게 몸부림쳐야 했다

꽃이 만발한, 나도 꽃인 양 우쭐대던 그 어느 날
오래 동안 소식 끊겼던 옛 애인의 청첩장이
미용실의 의자에 나를 털썩 주저앉혔고 가위는
내 긴 머리카락을 싹둑싹둑 잘라 주었다

바로 어제 청천병력의 건강검진결과서
내 몸 귀한 줄 모르고 마구 부려먹은
뼛속 시린 회한이 한숨으로 피어나던 날
내 주문은 머리 빡빡 밀어달란 것이었다

3

옹관묘

한 노인이 항아리 속으로 들어갔다
그 항아리 속에는 푸른 잔디가 있어 푸근했다
노인의 아침은 들꽃들 베어 문 이슬이었고
점심은 바닥에 깔린 부드러운 흙이었다
그 항아리 속의 모든 것들은 축축한 어둠을 끌고 왔지만
그 육신은 환한 빛을 담고 있었다
정갈한 생애가 사리로 빛나고 있었다

동행하는 나그네는 없었지만 그의 동반자는 고요한 바람이었고
귀 기울이는 솔방울이었고 반짝이는 별무리였다
항아리 곁에는 항시 자손들의 발길이 멈추어 있었다
원(願)을 비는 정성스런 언어가 항아리 속 노인의 입에서 떠날 줄 몰랐다
자손의 또 그 자손의 웃음이 항아리 속에 메아리쳤다
어느 날 항아리는 가볍게 둥둥 하늘로 하늘로 떠오르고 있었다

꿈을 만나 꿈을 죽이다

어둠이 시커멓게 절여진 알갱이들
그 알갱이 속 대나무 보폭으로 걸어 들어갔지
낮꿈, 밤꿈, 새벽꿈에 이른 나는
새끼손가락만큼 작아져 옷장 속에 숨어들었지
홀로 두꺼워져 번제를 올리는 여사제의 밤
나를 미치게 했던 오랜 습성의 하얀 밤이
쓴 맛으로 나를 쟁이고 또 쟁이고

비명 질러대는 나의 어머니, 생나무 찢어지는 소리 듣고 있었지
늑골에서 울던 새 한 마리 꺼억꺼억
밤새도록 달구어진 시뻘건 눈
낡은 언어를 죽이고, 갈길 몰라 허둥대는 부호를 죽이고
어린아이의 울음도 죽이고
내 어머니 역할을 대행하던 한 개의 물컵도 깨뜨려 버리고

꿈을 만나 꿈을 죽이는 밤

어머니의 가출

어머니 손톱에 가지색 꽃물 들었다
입술에도 그 꽃물 들었다
아랫목에 하얀 옥양목 치마저고리
어디로 가는 채비인가
항시 방바닥만 기어다니던 그 오그라든 육신
등 활짝 펴 보일까

어머니 마당엔 이제 청솔모 드나들겠다
아리도록 흰 모시나비 한 마리 앞장 서 날아가고
따라온 바람 지상의 한 모퉁이에서
그 이름 지운다

대문 나서던 어머니의 그 아릿한 눈빛
내 손을 놓고 간 어머니로부터 나는 서서히
살해당하고 있다

염불소리

어머니에게로 가는 길은 숲이다
불안한 눈알들 이리저리 굴리고 있는
솔방울들 자꾸 내 뒤를 좇아온다
끈적끈적한 바람 스멀스멀 목덜미 간질이고
발끝에 채는 울퉁불퉁한 길들
동맥처럼 뻗어 있다
드문드문 집 짓고 사는 저 쪽 마을의 풍경은
문패는 있되 주민등록증이 없는, 이미 삶은 건너고
죽음에서도 돌아온 안락한 둥지들이다
머리 위로 푸드득 나는 새 한 마리 까악까악
한낮을 졸던 산사의 범종이 깜짝 놀라 댕그렁 댕그렁
하늘 멀리까지 몸 내맡기며 울다
산처럼 든든한 침묵에 든다
나는 그 침묵을 밟으며 산을 내려온다
어떤 격발의 힘이 등을 떠민다
오늘 내가 내일을 세울 수 있는 것은
세상을 밀고 가는 수레 안에 어머니의
염불소리가 들려오기 때문이다

은장도

지하실 구석 오래도록 잠자고 있던 반닫이 속 은장도
무지개빛 타래실로 동인 허리끈 풀어 헤치고
푸르죽죽한 쓰개치마 나비 떼 풀풀 날아드는
그 속에서 오래된 여인들 걸어 나오고 있다

허벅지 뽀얀 할머니 머리맡에서 그녀를 지켜주었던 은장도
어머니 반닫이 안에서도 아버지의 도포자락을 지켜주었던,
안방으로 자주 들어와 앉는 이웃집 매파의 잦은 기침소리도
반닫이 고리 덜컹덜컹 하얗게 밤을 새우던
할머니 어머니로 장장 긴 세대를 건너온 출렁이던 물결
내게로 밀려와 아픈 칼집 속에 들어가고

반들반들 윤기 나는 내 안방 장롱 속
할머니 어머니의 은장도는 어디론가 사라지고
옷고름 붙잡고 늘어져도 뿌리치고 달아나는
붉은 저고리만 당그라니 남아 있다

다듬이 소리

주위는 어둡고 불빛 하나 없는
모롱이 방
밤새도록 다듬이 소리 잠들 줄 모른다

반딧불 하나 온밤 지새우며
눈가에 진물 터져
봇짐 진 아들 녀석 어디로 갔는지

어머니 호강 한 번 시켜주겠다고
뒷산 자갈밭
가뭄에 등터진 밭뙈기 일구더니

살아야 할 그 무엇 찾으러 기차를 탔는지
기적소리 비명 지르며 어머니 가슴 찢고
누렇게 타버린 누룽지 팍팍 긁어 봐도
목멘 바람소리는 부뚜막만 맴돈다

돌부리 한 번 세차게 내질러
화풀이라도 하련만
행여 그 독기 아들 녀석 잘못될라
다듬이 소리 조심조심
온밤 지새운다

봄 소리

음력 2월 영동할매의 센 대패질에도 끄덕 않는
뿌리들의 물 자아올리는 소리

흙의 상처에서 돋아난 새살
연두색으로 귓바퀴 세우는 소리

젖은 달빛 간지러운 발가락 꼬물락거리며
잔뿌리 내리는 소리

땅을 박음질하는 봄비 소리

여린 나뭇가지에 작디작은 수정
뿜어놓는 첫 사랑의 소리

비슬산의 등

외로움이 귀뚜라미처럼 운다
먼 산들이 등 보이는 황량한 들판
늙은 어머니처럼 언덕의 작은 집들 등 구부리고
무채색의 덤덤한 풍경만 남는다
구름 걸친 비슬산 바퀴 달린 반달이 굴러간다
묵매(墨梅)만큼이나 검은 배경이 그 등 뒤에서 춤을 춘다
침묵의 그림자들 꼬리를 문다

파도가 종을 울린다

어머니의 젖가슴이 출렁이는 바다
가부좌 튼 달마상 하나
환한 미소로 떠 있다

물주름 잡힌 파도
행간으로 진동하는 녹내음의 파장이
댕그렁 댕그렁 울리던 종소리
콧등 시큰하도록 한세상 울린 어머니의 기도가

두 손 가득 바닷물 움켜쥐고
날선 갈고리 가슴 치다보면
살을 도려낼 때마다 피어나는
하얀 연꽃 그 연꽃들

몇 억만년 저 편에서 이 편으로
숙명처럼 떠있는 풍경 울리며
비우고 또 비워낸 파도소리

파도가 치면 종이 울고
종이 울면 따라 우는 파도

겨울 풍경

유리벽에 겨울을 현상한다
나체(裸體)로 서 있는 나무들
시린 등 덮어주는 하얀 모포 속으로
처녀가 걸어가고 있다

빗살 한 입씩 문 고목 가지 사이로
퀭한 눈 뜨고 강 건너오는 바람소리
치마폭에 감겨 목쉰 생애로 흔들린다

누가 머물다 간 빈 자리
트로이메라이 선율
소리로 다가오다 싸하게 가슴 친다

온갖 힘 다해
겨울 밀어내고 있는 처녀의 등
유리벽에 인화되고 있다

꽃나무 아래서

꽃나무 그늘 아래
오랜 걸음으로 나는 서성인다
꽃 단 잎들 할 말 많아 내 머리 위로
간절한 기도 같은 꽃잎들 떨군다
내 마음 박힌 녹슨 쇠못 하나 꽃잎에 얹어
조용히 털어놓고 싶은데
낙화 한 잎 몸 팔락이며 뒤돌아보지 않는다
꽃의 막장까지 울려주고 생의 한순간 하락하고 떠
나간
동생의 모습 꽃벌레처럼 꿈틀거린다
그 생애 세월의 칼날 아래 베어져
이제는 조그만 꽃나무의 구멍으로 남아 있을 뿐

꽃나무 아래
꽃벌레 한 마리
구멍 속 드나들며 함께 노닌다

첫사랑

뭉게구름 흰 모자 쓰고
옥빛치마 휘감고 걸어오는 저 아가씨
휘파람 불며 언덕 넘어오는
대나무 숲과 눈 맞춘다

꽃들이 얼굴 내민 들녘에
나도 꽃인 양 벌 나비 불러보면

산 너머 저쪽 어디선가
기적소리 들린다
아득한 첫사랑 고개 넘어 오는가 보다

푸른 뱀

청도군 각북면 어느 화실의 한쪽 벽에 걸린
「죽은 뱀의 영혼」에서는 푸른 광기의 청산가리 같은 언어가 쏟아진다
붉은 꽃 한 다발 들고 저만치서 뱀의 대가리를 향해 누군가 걸어온다
보랏빛 독설은 꽃다발 여인의 가슴에 환한 등불 하나 켜든다
뚝, 충혈된 눈동자 하나 여인의 젖무덤 사이로 떨어진다
죽은 뱀의 영혼이 꿈틀 여인의 몸속으로 스며든다
색이 얽힌다
살아서 꿈틀대는 여인이 죽은 뱀의 영혼을 깨운다
스르릉 여인의 화폭에서 빠져나가는 푸른 뱀 한 마리
화실 문턱을 넘는다

우편물

산다는 게 허망해서 우체국에 갔었다
편지 한 장에 온갖 사연 다 적어
수취인 주소도 없이 부쳤다

다음날 그 다음날 소포 하나 도착했다
오뉴월 담장마다 능소화 피어나고
비 개인 서녘하늘 노을꽃 피어나고
하늘에 턱 걸린 산봉우리 꽃구름 피어나고

피어난 꽃들 방글방글 웃고 있다
닫힌 내 마음 봉투 하나 뜯어 꽃들 밀어 넣었다
우체국으로 간다

4

가을 숲에 들어서다

새 소리 너무 깊어 무덤처럼 쌓인 표정들
겹겹 울고 있네
적막한 나무 아래 구름은 점점 내려 앉아
갈꽃 여름꽃 시린 등 덮고 있네
꽃그늘 푸른 입술의 언저리
최후의 몸짓으로 팔랑대는 잎새들
언젠가는 떠나야 할 아픈 속쓰림
견뎌내고 있네
저 꽃들의 안타까움
바람과 바람 사이를 누비던 나비 주검 위로
햇솜 이불 덮고 있네
새 소리 너무 깊은 숲
햇솜 누비이불 포근히 내리는 가을 저녁

숲이 바다로 출렁인다

굴참나무 한 그루 속의 잎사귀 한 장 한 장
뻗어나간 실핏줄 따라 읽어도 알 수 없는
문자들 빽빽이 들어 있어
나를 궁금하게 한다
깨알 같은 경전 새겨 놓고
손짓으로 전도하는 다람쥐 한 마리
구름 턱 고인 나뭇가지 사이로 날렵하게
뛰어 오른다
바람 일렁일 때마다
숲이 순식간에 미끄러지듯 바다로 출렁인다
숲 사이로 미끄러지는 다람쥐
어느새 은빛 비늘 돋는다

하나
–현직에게

쌀 한 홉 밥 지었더니
밥 두 그릇이 되었다

옥수수 한 되 펑했더니
한 자루 되었다

무씨 천 원어치 사다
밭에 뿌렸더니
무 한 가마니 되었다

한 톨의 볍씨
한 알의 밀알
하나의 어휘를 찾기 위해
밤샘을 한다
하루 이틀 사흘……

하나의 어휘가 온 우주를 읽는다
우주 어느 곳에 눈 하나
박혀 있을지

나비야
–지민에게

나비야
팬지 꽃잎에 살포시 날아들어
너도 꽃이 되어버린 사월의 잔등에
햇살 다발로 묶어 십자수를 놓아 주마
수틀 한 자락에 올라앉은
빗살무늬, 햇살무늬, 사랑무늬

나비야
세상 건너는 길 위태롭고도 조심스럽지 않더냐
스산한 바람에 우우 몸 터는
그런 날도 있으렸다
꽃 속에 세상 넣고 마음 비워갈 때
훨씬 가벼워진 날개
나비야 너울너울 춤도 추어보렴

몽골의 게르

희고 둥근 게르들
나란히 나란히 떠서 앞니 빠진 문틈 사이
하얀 달빛 거둬들이고 있다

네 개의 다리 침상 사이로
달빛 가죽 소쿠리엔 야크들의 울음이 가득
난장이노란꽃들 무릎으로 기는 밤

북창 들고 춤추는 징기스칸의 후예
타닥타닥 말 타고 가는 사막이 하얗다

한 세상 모나지 않은 둥글둥글한 게르
동글동글한 몽골 여인네의 얼굴
동글동글 눈앞에 맴을 돈다

방사탑

물은 돌을 안고 돌은 물을 업고
뭍의 끝머리에 버티고 서 있는 탑머리에
갈매기 한 마리 고개 빼들고 있다

육지에서 바다 건너 또 육지로
바람 불어 온 세상 흔들어 깨워도
옷섶 여미고 서 있는 여인의 치마물결 따라
성난 파도 곤히 잠재운 채
보리밭길 훤히 쉬엄쉬엄 뒤따른다

멀리 떠난 뱃고동 안부 묻듯
돌 틈 사이 담 너머
저만큼 노란 유채꽃밭
일제히 손 흔들며 수인사 청한다

천 년 그대로 웅크리고 있으면서도
시원스런 기지개 한번 펴 보지 못하는
장승의 혼
귀 세워 마을 사람들의 푸념
들어주고 있다

흙담 아래

아직도 거기 있을 거야
머슴애와 가시내 소꿉놀이 하던
무너진 흙담 아래
냉이랑 씀바귀랑 김치 담그던 벽돌 고춧가루
햇살 반짝이며
그냥 거기 있을 거야

여긴 안방 저긴 대청
뾰족 돌로 금 긋고
장작개비 주워와 곳간에 쟁이고
깨어진 사금파리 병뚜껑 세간 살이 마련하던
알뜰한 가시내는 한사코 새침한 각시

수수깡 주워와 벼락아비 된 머슴애는
안방에서 에헴 헛기침
고 암팡진 각시 차려온 밥상
냠냠 쩝쩝 후루룩 먹다가
공연히 웃음 터뜨리며

입안에 뱅뱅 돌며 끝내 못해 본
'여보' 란 말
아직도 거기 맴돌며 있을 거야

머슴애와 가시내 소꿉놀이 하던

무너진 흙담 아래
냉이랑 씀바귀랑 김치 담던 벽돌 고춧가루
햇살 반짝이며
그냥 거기 있을 거야

홉스골의 황덕불

얼음이 둥둥 떠다니는 홉스골의 호숫가
두덕두덕 껴입은 수사자들 펭귄처럼 뒤뚱뒤뚱
달빛이 걷는 은박지위 허연 바람꽃
내 몸에 탱자나무가시 돋는다

불하마의 거대한 몸짓 우러러
묵시록이 둥글게 둥글게 원을 그으며
두 손 가득 싸안은 소원들
잿빛 불티로 하늘까지 오른다

유목민의 한 처녀 이방인을 위해 기도하고
노시인(老詩人) 그들 머리 위 축복을 얹는다
귓볼이 빨간 시인들
황덕불 가슴에 퍼 담고 싱싱한 시어들
휘어지게 펴내고 있다

*한 · 몽골 문학교류 행사 중 홉스골의 캠프파이어를 보고

진달래 산천

침묵이 깊게 내린 산등성이
누웠던 자리 털고 일어서도
다시 눕는 풀 잔디에
간질간질 속삭이는 풀잎들의 이야기

하늘 한 자락 깔고 누운 등짝 밑으로
구름 내려와 돛단배 한 척 띄우고
두둥실 먼 섬으로 떠 간다

풀잎들이 서걱대는 여기
꽃반지 끼어주며 손가락 걸던 어릴 적 친구
살포시 꽃 대궁처럼 목 올리고

가슴 깊이 묻어둔 연민의 불씨
진달래꽃 피워 산 가득 메우면
내 목은 노천명의 노루가 되어
산허리를 뛰어 다닌다

연두빛 스카프 솔가지에 걸어두고
수천 마리 학을 접어
하늘가에 뿌리다보면

녹슨 곡괭이 날 같은 가슴에도
진달래꽃은 다시 피어나겠지

사랑

우리는 사랑하는 것보다 사랑하지 않는 게 더 힘들지 몰라
마음 바닥에 깔려 있는 두꺼운 판자를 뜯어 낼 때도
끈질기게 달라붙는 당신의 음성은 너무나 끈적였어
생각해 보면 우리의 사랑은 언제나 직립이어서
오래 동안 서 있기만 한 무릎관절이 삐그덕삐그덕
그 아픔에도 장단 맞추며 사다리 타고 올랐지
서로에게 스며들지 못하는 직립의 고통 속에서도
서로를 바라볼 수 있는 사다리의 다리는
언제나 후들거리는 용기였으니까
만약 당신이 오늘 이 순간 허공으로 후루룩 날아가는
새가 된다 해도 사다리 모서리에 힘주고 있는 나의 하루는
당신의 날개로 이불처럼 따뜻한 환상이 될 테니까
우리는 사랑하지 않는 게 더 힘들지 몰라

그녀의 한복은 시의 텃밭

그녀의 한복은 시의 텃밭
가슴 허리 다리 감싸는 비밀스런 성(城)
굴절의 시선을 따라 꽁꽁 묶은 가슴의 치마끈에
씨방이 들어 있어
세상을 향해 수줍은 머리 내밀고 있다

보일 듯 말 듯 은밀한 속살
깊고 깊은 골짝 비밀스런 능선마다
새싹을 밀어올리는 흙의 고통은 싸한 찔레꽃
하얀 동정에 한 소절 음악으로 잠기는 만삭의 품안

사각거리는 치맛자락 사이로 날아오르는 꽃과 나비
한 필의 비단으로 환한 길 깔아주면
대지의 옹알이 합창하며
그녀의 텃밭에 잎들의 이야기 쏟아놓는다

비슬 오크벨리

비슬산 남산리
고요한 생각에 젖은 숲
바람의 바퀴를 돌리다 숨차한다
듬성듬성 불빛 새어나오는 창 아래
화단 패랭이꽃들 반짝 얼굴 붉힌다

부드럽게 발밑에 깔리는 잔디와 풀꽃들 밟고
창틀 넘어 나를 따라들어 온 달빛
어제도 오늘도 축제의 사제로 반기며
포르테 음률로 포로롱 포로롱
내 시작(詩作) 노트 안에 깃든다

내면풍경의 안과 밖

이 태 수(시인)

한선향 시인의 언어감각은 발랄하다. 거침없이 톡톡 튀는가 하면 젖어들고, 젖어들다가는 분방하게 튀어 오른다. 상상력도 거의 마찬가지다. 고삐가 풀어진 듯 분방하다가도 단아하게 간추려지며, 또 어느새 다른 쪽으로 새 길을 트게 마련이다. 낯설게 하기와 전통적 서정에로의 되돌아옴, 다시 새로움에의 지향이 교차되거나 포개어지면서 빚어내는 내면풍경들이라고나 할까. 그런 다채로운 무늬와 빛깔들이 서로 어우러지고 때로는 부딪치면서 낯설면서도 반드시 그렇지만은 않고, 낯익은 듯 그렇지만도 않은 울림과 메아리들을 복합적으로 떠올리고 있다.

특히 몸의 세계에 천착한 일련의 작품들은 다분히 관능적이고 감각적인 언어 구사로 원초적인 생명력에 뜨겁게 가닿으면서 그 밝음과 어둠들을 첨예하게 성찰하고 드러내는 개성을 보여준다. 나아가 이 일련의 작품들은 자신의 안팎으로 그 시선을 좁히고 넓히면서 아쉬움과 비애를 넘어 새롭게 잉태한 생명력에 불을 지피려는 초극의지를 내비치고 있어 서정의 옷을 입은 지적 통찰의 모습으로 떠올라 있는 느낌을 안겨주기도 한다.

또한 시선을 바깥으로 돌리면서는 떠도는 길 위에서 조우하는 갖가지 풍경들을 내면풍경과 겹쳐서 바라보거나 내면 깊숙이 끌어들여 들여다보기도 하는 가운데 그 징후와 얼룩들을 부드러운 휴머니티로 감싸안는 연민의 세계를 빚어 보인다. 이 같은 시인의 마음자리는 밖으로 열렸을 때는 '나눔과 비움' 이라는 일깨움을, 안으로 향했을 때는 순결하고 따스한 사랑에의 눈뜸이라는 깨달음을 끌어안고 있는 것으로도 보이게 한다.

*

시인은 몸 속에 들어있는 마음의 길을 열어젖히면서 몸의 세계를 개성적인 상상력으로 사물화해 보인다. '내' 가 '열린 책' 이 되고, 달마다 '몸 하구(河口) 에선 / 붉은 꽃이 피' 며, '위턱구름 노을 지는 얼굴' 이 등장하는가 하면, 그 얼굴이 '네모로 만들어진 종이' 가 되기도 한다.

관능적인 빛깔들이 조금은 도발적이고 '낯설게 하기' 기법이 자주 끌어들여지기도 하는 일련의 시편들은 오히려 그런 빛깔들 때문에 한결 생동감을 부여받고, 신비의 베일 너머의 매력을 증폭시키며, 호소력을 강화해 보이는 양상으로도 떠오른다.

가령, 「나는 열린 책」 속의 '나를 다 읽지도 못하는 당신 / 내 온몸 발가벗겨 자꾸만 만지작거리네요' 라든가 '인정사정없이 들쑤시는 / 작은 벌레들 / 깊은 고랑 친 둔덕 사이로 / 내 몸의 경계를 허물어버

리네요'와 같은 감각적인 표현은 관능적이면서도 암시와 상징의 공간을 생동감 있게 부각시켜주며,

달마다 내 몸 하구(河口)에선
붉은 꽃이 피었다
……〈중략〉……
어머니의 또 그 어머니의 꽃 내림이
내 살집 속에서 시큼해질 무렵부터
꽃향기도 없이 만발한 화원엔
검불처럼 떨어지는 꽃자루 두엄처럼 쌓여
수십 개의 바늘꽃 피워낸다
이제 비릿한 갯내음도 지워진 하구(河口)엔
적멸보궁의 고요, 선정에 든 와불,
절 한 채 지어졌다

–「완경(完經)」

고 몸의 사물화를 꾀하는 이 작품도 관능적인 빛깔에 기댄 묘사의 독특한 묘미를 보여준다는 점에서 「나는 열린 책」과 비슷한 뉘앙스로 읽힌다.

여성들이 달마다 한 번씩 몸 속의 피를 내보내야 하는 '월례행사'를 두고 몸 하구에 붉은 꽃이 핀다거나 이런 현상을 '꽃 내림'이라고 부르는 선정적인 언어감각, 그런 행사를 완전히 마감하게 된 것을 '갯내음도 지워진 하구'에 '적멸보궁의 고요, 선정에 든 와불 / 절 한 채 지어졌다'고까지 비약하는 상상력은 생생한 매력을 불어넣는 경우다.

뉘앙스가 조금 다르지만, 이 같은 감성과 감각은 자기성찰로 이어지면서 서정의 옷을 입은 지적 통찰의 양상으로 얼굴을 내밀기도 한다.

내 얼굴은 네모로 만들어진 종이
그간의 삶 명료하게 요약했으나
내 영혼과 심성은 새장에 갇힌 새

어느 날
어느 누구의 기억 속에서
더듬이를 세우고 있는 그를
겸손하게, 때론 거만하게 두드릴 여러 겹의 내 얼굴

때론 구겨진 내 얼굴 내밀기 부끄러워
푸석하고 텅 빈 사각의 공간이
손등처럼 퍼런 힘줄로 불거지기도 한다

내 기억의 창고 속에도
사각의 새장에 갇힌
수많은 사람들의 표정이 들어 있다

–「사각의 새장」 전문

'사십대가 넘으면 제 얼굴에 대한 책임을 져야 한다'는 말이 있다. 여기엔 얼굴은 그만큼 그 사람의 내면을 반영한다는 뜻이 담겨 있다. 그런데 시인은 단도직입적으로 '내 얼굴은 네모로 만들어진 종이'라고 규정한다. 기발한 발상이지만 무슨 소리인지 의아해 계속 들여다보게 만드는 '낯설게 하기'의 미덕을 살려놓고 있다.

이 시는 신체의 가장 중요한 부분인 '얼굴'과 그 모습의 주역인 '영혼과 심성'에 착안하면서 '네모'의

이미지로 하나의 등식을 보여준다. 그간의 삶을 명료하게 요약해 보여주는 얼굴이 네모가 돼버렸으며, 그 까닭은 영혼가 심성이 역시 네모 안에 갇혀 있었기 때문이라는 것이다.

또 한 가지 눈길을 끄는 부분은 다른 사람들에게도 같은 등식을 적용하고 있다는 점이다. 시인의 눈에는 수많은 사람들이 자신과 다를 바 없이 그런 '사각의 새장'에 갇혀 있다는 것은 무엇을 말하고 있을까. 어쩌면 그런 새장이 주어진 현실이라면 '나'는 물론 '우리'에게는 그 새장을 박차고 나갈 수 있는 현실 초극의 의지와 자유가 요구되고 있다는 말에 다름 아닐 것이다.

＊＊

이 시인의 몸에 대한 집중적인 관심과 관능적인 빛깔은 여러가지 무늬를 빚으면서 빈번하게 자신의 안팎으로 퍼져나가기도 한다. 「도화살」, 「해변의 누드사진-샤드풍으로」, 「태양을 좇는 나비」, 「미루나무 잎새 하나」, 「남편, 70촉 전구가 되어간다」, 「달 건지는 남자」, 「내 기억의 깊은 우물」 등이 그 대표적인 예들이다.

시인은 「도화살」에서 한 식당 여주인의 볼우물과 '양파 속처럼 하얀 젖가슴', 사내 얼굴에 닿으면 '입김 바지직 바지직 타는 냄새', 난로의 불꽃처럼 널름거리며 간드러지는 혀 등을 선정적으로 묘사하면서 그런 '풀무질'이 삶의 한 모습이라는 데 곱지만 않은 시선을 보내고 있다.

또한 「해변의 누드사진-샤드풍으로」를 통해서는 갈매기들이 바닷가 바위 위에 뿌연 정액을 풀어놓고, 벗어버린 모래사장에 광폭한 팔뚝들이 굴러다니며, '내 몸'에선 '꽃잎 비린내'가 나고, 긴 팔뚝들이 등을 칭칭 감아온다는 등 그 풍경 속에 자신까지 끼워 넣어 색기 넘치는 분위기를 연출하면서 생명력의 한 단면을 짜릿하게 부각시켜준다. 그런가 하면

태양을 좇는 그녀, 태양을 굽는 그녀, 뜨거운 태양의 입김이
목을 타고 넘을 때 팽창된 그녀 동굴 속에선 박하향 짙은
사랑이 일어선다
내 꿈틀대는 의식의 층계를 밟고 올라가는 그녀의 뾰족 구두가
태양의 과즙 흘릴 때마다 나의 꽃잎에선 꿈틀꿈틀 나방이 기어 나온다

-「태양을 좇는 나비」 부분

에서와 같이 보다 적극적으로 이글거리는 원초적인 생명력의 한가운데로 진입하기도 한다. 그럼으로써 그 열기는 '허기 팍팍 문질러 터뜨려주는' 노래가 되어주고, 그 뜨거운 날갯짓은 마침내 '그녀의 뜨거운 시간들에 닿아 지지직 타는 나의 의식'에 '몇 개의 콩트로 태양을 향한 송전탑에 저장되'는 생명력 역할을 해주게도 된다.

그렇다면 그런 열기와 환상을 벗어난 자리에서는 어떠한가. 「미루나무 잎새 하나」에서 시인은 방안의 창가에서 옷을 갈아입을 때 창밖의 미루나무 잎새 하

나의 늘 감시하는 듯한 눈빛이 등덜미에 스멀거린다는 느낌을 그려놓는다. 하지만 외롭고 고달프며, 피로가 '옆구리에 디룩디룩 살로 겹쳐 / 옷이 잘 내려가지 않는 알몸'을 가진 지금은 그 잎새 하나가 눈 환히 뜬 '불빛 한 가닥으로 껴안아' 준다고 받아들이기에 이른다.

스멀거리던 그 눈빛이 눈 환히 뜬 불빛으로 바뀌었다는 건 잃어버린 젊음에 대한 아쉬움이요, 나이 듦에 대한 비애에 다름 아닐 것이다. 오죽하면 싫었던 눈빛이 환한 불빛으로 보이겠는가. 이 같은 연민은 남편을 향해서도 비슷한 뉘앙스로 번지고 있다.

식구를 지금까지 밝게 비춘 건
저 해와 달 그리고 방안의 전구 당신,
이제는 의자에 떡하니 앉아 70촉 전구가 되어 가는
내 남편, 애들 아빠, 할아버지가 된 당신,
칠십 평생을 저 해와 달 그리고 온 식구를 향해
따스하게 내리쬔 당신,
내 남편, 70촉 전구가 되어간다

-「남편, 70촉 전구가 되어간다」 부분

천장에 매달려 온 방을 비추는 70촉 전구를 바라보다가 그 불빛을 받아 정수리가 반들거리는 남편이 '아랫목에 앉아 있는 또 하나의 전구'라고 느끼는 건 그 남편이 지난날에는 '가슴에 철심을 박고 온 가족 지켜온 / 해처럼 탱탱한 전구'였고 '환한 배경'이었기 때문이었음은 말할 나위가 없다. 그러나 해와 같이 환한 배경이 돼주던 남편에 대한 감사의 마음은 여전하지만, 위의 인용 부분이 말해주는 바와 같이 세월의 흐름은 안타까움과 아쉬움을 비켜서지 못하게 할 따름이다.

그런 비애는 한 늙은 남성을 향해서도 같은 모습으로 비친다. '뭉툭한 손마디와 굽은 등 더욱 구부리는 / 그의 온몸은 달이 피워낸 서리꽃으로 가득하다'(「달 건지는 남자」)는 묘사가 그 한 예다. 굽은 등을 더 구부리는 행위나 달이 피워낸 서리꽃 가득한 몸이야말로 서글픔의 다른 이름일 수도 있다.

시인은 그럼에도 불구하고 좌절하거나 절망하지는 않는다. 삶에 새롭게 생기를 불어넣고, 그런 길을 트고 닦아 나아가려는 발걸음을 거듭한다. 그 길이 '실뿌리 같은 길 낡은 가죽신 벗고 긴 침묵 끌고'(「맨발 길」)가는 맨발 길이든, '늘 몇 구비 커브를 돌아야만 하'고 '허리가 휘일 정도로 돌고 돌'아도, '달팽이집 같은 길을 품고'(「커브길 품고 사는 여자」) 가야 하는 꼬부랑길이든 끊임없이 나아간다. 때로는 기억의 창고를 열면서 기억의 힘으로 나아가기도 한다.

내 기억의 깊은 우물 속에 들어온 남자
서서히 고개 든다
탑처럼 서서 보랏빛 등 켜드는 남자
나는 깊은 우물의 심장을 열고 남자를 끌어 들인다
어둠이 조금씩 잎 트고 꽃송이 달무리 일듯 퍼진다
잎과 꽃들의 뒤켠엔 무수히 박음질한 날들
실밥 터지듯 절정의 순간을 터뜨린다

웅덩이에 얼어붙은 기억이 서서히 뛰기 시작한다
잎과 꽃들이 우듬지를 향해서 제 몸을 쳐올리는 순간
내 깊은 기억의 우물엔
매일 매일 새록새록
분홍 새살 돋아난다

－「내 기억의 깊은 우물」 전문

이 시에서 드러나고 있듯이, 기억은 또 다른 힘이 되어주며, 그런 환상은 '분홍 새살을 돋아' 나게 할 뿐 아니라 '절정의 순간' 까지 열어준다. '기억의 우물' 속에 들어와 보랏빛 등을 켜들고 서 있는 남자를 '우물의 심장' 을 열고 끌어들이면 그 어둠에도 '꽃송이' 가 피어난다는 문맥은 난해한 면도 없지 않지만, 그 때문에 더욱 시적인 맛을 돋우어주기도 한다.

기억은 고여 있어야 하므로 시인이 왜 집요하게 '깊은 기억의 우물' 을 붙들려 하는지도 짐작케 한다. 흘러가버린 시간도 마찬가지다. 시인은 수십 년 창고에 가둬뒀던 시간을 이제야 뒤늦게 일으켜 세우면서 이같이 토로하고 있다.

처음부터 다시 책갈피마다 혼자 자습해야 하는
고통의 물음표 하나씩 풀어보고 있지
꽃피지 못했던 나무에 물도 주면서 떠돌던 햇빛
흔들거리는 바람의 손 마주잡고
그녀 집 베란다에 꽃대를 올리고 있는 중이라네

어둠의 살 올리는 바쁜 손길

또 다른 시간 창고를 짓고 있는 중

–「시간 창고」 부분

＊＊＊

시인은 끊임없이 길을 나선다. 그 길 위에서는 갖가지 풍경들과 조우한다. 그때마다 내면풍경을 그 위에 겹쳐서 바라보기도 하고, 안으로 끌어당겨서 들여다보기도 한다.

열차를 타고 가는 밤길에서는 바깥 풍경들이 물방울처럼 떠다니고 자신이 그 물방울로 빨려 들어가는 가운데 '검은 배경에 모텔이 뜨고 붉은 십자가도 뜨고 / 성냥갑 불빛들도 덩달아 둥둥 떠서 / 온 세상은 떠다니는 무덤'(「검은 배경의 십자가」)이라는 생각에 닿는다. (여기서 말하는 '성냥갑'은 아파트일 것이다.) 심지어는 별들이 멀리 반짝이면 주눅 들어 더욱 '쪼그라드는 물방울'이 되는가 하면, 도회의 밤거리를 바라보면서는

광란의 몸짓과 일그러진 얼굴들
창백한 유령처럼
불빛의 완력 거두고 있는 밤
비명조차 지르지 못하는 간판 몸 파르르 떨고 있다

–「간판」 부분

고, 빌딩숲 속의 간판들이 비명조차 지르지 못하며 떨고 있는 상황을 아프게 읽는다. 「수많은 여성 납치

사건에 관한 개인적 견해」라는 부제를 달고 있는 시 「거미브로치」에서와 같이 윤리 · 도덕이 땅에 떨어지고 공포로부터 자유롭지 못한 세태 속을 '외출할 때마다 거미브로치 달고 다니' 기도 한다.

이런 정황은 편안하게 쉬면서까지 '뜨겁게 마주 앉은, 나를 마구 퍼질러 놓은 / 술병 하나 / 허기진 나를 마셔' (「수성못 어느 뮤직카페에서」)대는 환각에 빠질 지경이므로 여행길에서 처참하게 구박받는 여인을 목도하면서나 덕장의 매달려 있는 오징어들을 보면서인들 예사로 보일 리 있겠는가.

한 골목길에서
사내의 발길질에
폐타이어처럼 굴러가며 여인이 울부짖고 있다
산발한 여인의 머리통이 사내의 손아귀에서
개가 먹잇감을 물어뜯듯 뜯기고 있다

저들도 한때는 서로의 다정한 눈빛으로
사랑을 주고받았으리

–「폐타이어」 부분

온몸으로 나를 보는 숨 쉬지 않는 저 생명들
무거운 바다 온통 짊어지고 떠 있는
십자가에 못 박힌 예수의 상을 본다

–「오징어 덕장에서」 부분

인용한 부분에서 보듯, 막무가내 격렬하게 싸우는 부부의 모습은 상상만 해도 끔찍하다. 이는 한 부부의 '막가파' 식 싸움일 뿐 아니라 '너 죽고 나 살자'

식으로 이즈러져 있는 우리사회의 한 모습이기도 할 것이다. 이어지는 구절 '저들도 한때는 서로의 다정한 눈빛으로 / 사랑을 주고받았으리' 라는 연민의 시선은 사랑과 화해의 회복을 겨냥한 메시지로도 읽힌다.

덕장의 허공에 매달려 건조되는 오징어가 분명 죽은 지 오랜데도 온몸으로 '나' 를 보는 '생명체' 라고 여기거나, 그런 오징어가 무거운 바다를 짊어지고 있다고 보는 것을, 게다가 '십자가에 못 박힌 예수의 상' 으로까지 비약하는 것을, 어찌 지나친 과장이라고만 할 수 있겠는가.

시인의 이 같은 마음자리는 부드러움 쪽으로 열리면서는 젖어들기도 한다. '문을 열면 슬픈 눈동자 창문에서만 머무는 / 소녀의 하얀 얼굴' (「휠체어 소녀」)에 닿아 그지없이 애달프고 아름다운 정서를 빚고 있으며, 이 세상에서 더불어 사는 사람들을 향해서는 나눔과 비움의 미덕을 완곡하게 일깨운다.

무거운 짐 잔뜩 메고 있는 저 사람들
그 봇짐 내려놓으면
모두가 함께 가야하는 먼 길
하나씩 하나씩 나누다 보면
홀가분한 빈 몸

비워지면 채우고 채워지면
비워야 하는 우리네 삶
만남과 헤어짐 부산떨고 지나다보면
돌아온 길 한참 뒤돌아보게 되는 것
너와 나 우리 모두 손잡고 함께 가리

-「동행자」 부분

평범한 진리임에도 거스르기 십상인 삶의 덕목을 새삼 환기시켜주는 이 시는 '만남→헤어짐'이 어쩔 수 없는 우리 삶이며, 그 과정에서 '화해와 상생'의 마음으로 나누면서 더불어 살아가야 한다는 것을 강조해 보인다. 그 길은 또한 '나눔→비움→채워짐→비움→채워짐→나눔'이 끝없이 되풀이되는 길이기도 하다.

시인의 발길은 모성 더듬기로도 이어진다. 돌아가신 어머니를 기리며 찾아 나선 길은 산 속의 '숲'길이며, 발길이 닿은 곳은 '문패는 있되 주민등록증이 없는' 사찰의 한 공간(위패를 모신 곳)이다. 하지만 범종이 한 차례 울 뿐 침묵에 든 산사를 떠나 산을 내려오면서야 어머니를 더욱 가까이 느끼게 된다.

나는 그 침묵을 밟으며 산을 내려온다
어떤 격발의 힘이 등을 떠민다
오늘 내가 내일을 세울 수 있는 것은
세상을 밀고 가는 수레 안에 어머니의
염불소리가 들려오기 때문이다

-「염불소리」 부분

그 느낌은 '어떤 격발의 힘'이며, 그 원동력은 '어머니의 염불소리'다. 평소에는 잘 느끼지 못했지만, 어머니를 기리는 마음이 각별했던 어느 날 '내일을 세울 수 있는' 길과 마주치게 되며, 어머니는 그런 새로운 길을 나서게 등을 떠밀어주고 있다.

그 새로운 길 위에서 마침내 시인은 '둥글고 단단

한 물방울 집 한 채 / 내 안에 환한 보름달이 들어 있다'(「잉태」)는, 다시 말해 '작은 물방울' 하나가 '환한 보름달'이 되는, 깨달음에 이르게 된 것이 아닐는지. 더구나 이 깨달음은 곧 부서지거나 증발되고 말 물방울의 둥글음이 아득히 높은 곳에서 어둠을 밝히는 보름달의 둥글음으로 바뀌는 인식의 전환을 시사하는 것으로 보이게 한다.

＊＊＊＊

서정적 자아가 눈을 뜰 때 시인의 섬세한 감성은 또 다른 모습으로 반짝인다. 「비슬 오크벨리」에서 보이듯, 바람이 부는 걸 바퀴를 돌린다고 보거나 패랭이꽃이 피어나는 걸 '반짝 얼굴 붉힌다'고 그리는 게 그렇고, 창틀 넘어 따라온 달빛이 '포르테 음률로 포로롱 포로롱 / 내 시작(詩作) 노트 안에 깃든다'라고 묘사하고 있는 대목도 그렇다.

보이지 않는 바람에 바퀴를 달아서 바라보고, 피는 꽃을 반짝 얼굴 붉힌다고 보는 감각은 발랄하고 신선하다. 달빛에 음악용어와 두운(ㅍ)이 같은 의성어를 포개어 자신의 '시작 노트'로 끌어당겨놓는 재기도 돋보인다.

시인의 이 같은 감성의 무늬는 나비에 번지고, 이국 풍경으로도 이어진다.

나비야
팬지 꽃잎에 살포시 날아들어
너도 꽃이 되어버린 사월의 잔등에

햇살 다발로 묶어 십자수를 놓아 주마
수틀 한 자락에 올라앉은
빗살무늬, 햇살무늬, 사랑무늬

나비야
세상 건너는 길 위태롭고도 조심스럽지 않더냐
스산한 바람에 우우 몸 터는
그런 날도 있으렸다
꽃 속에 세상 넣고 마음 비워갈 때
훨씬 가벼워진 날개
나비야 너울너울 춤도 추어보렴

—「나비야—지민에게」 전문

이 시에서는 꽃잎 위의 나비를 꽃으로 만들고, 꽃 속에 세상을 넣기까지 하는 첨예한 감각을 보여준다. 게다가 그런 계절을 '사월의 잔등'으로 본다든가, 그 잔등에 햇살 다발을 묶어 수를 놓겠다는 표현도 여성 특유의 아름다운 마음의 그림이 아닐 수 없다.

이 시의 매력은 그뿐 아니다. 자녀를 향한 어머니의 결 고운 마음이 그야말로 빗살무늬, 햇살무늬, 사랑무늬로 수놓아져 있으며, 험난한 세상살이에 대한 지혜를 애틋하게 일러주는 모성의 마음자리도 포근하고 따스하다.

이 같은 감성은 이국(몽골)의 낯선 풍경에 닿아서 '귓볼이 빨간 시인들 / 황덕불 가슴에 펴 담고 싱싱한 시어들 / 휘어지게 펴내고 있'(「홉스골의 황덕불」)다는 대목에서도 읽을 수 있다. 더구나 시인들이 뜨겁게 달군 시어들을 싱싱하게 펴내고 있다는 말은 자신도 그들과 함께 황덕불 앞에서 시어들을 빚고 있기 때문이기도 할 것이다.

물은 돌을 안고 돌은 물을 업고
뭍의 끝머리에 버티고 서 있는 탑머리에
갈매기 한 마리 고개 빼들고 있다

–「방사탑」 부분

는 묘사나 '희고 둥근' 이미지에 초점을 맞춰 그런 색깔과 형상을 중첩시킨 「몽골의 게르」에서도 감성의 반짝임이 가까이 다가온다. 몽골 사람들이 '타닥타닥 말 타고 가는 사막이 하얗'고, '한 세상 모나지 않은 둥글둥글한 게르 / 동글동글한 몽골 여인네의 얼굴 / 동글동글 눈앞에 맴을' 돈다는 표현으로 이어지면서는 의태어 '둥글다'를 '크게, 작게, 작게'로 반복하면서 '하얗다'는 뉘앙스와 마주치게 함으로써 미묘한 효과를 살려내고 있다.

추억과 사랑에 대한 이야기도 예외는 아니다. 어린 시절 소꿉놀이하던 기억들을 반추하는 「흙담 아래」는 단순히 회상에 그치는 차원을 넘어서서 오래된 장면들을 '현재진행형'으로 바꿔서 가슴에 품는가 하면, 순진무구한 동심을 되살려 다지고 토속적인 정서의 옷까지 입혀놓고 있다.

수수깡 주워와 벼락 아비 된 머슴애는
안방에서 에헴 헛기침
고 암팡진 각시 차려온 밥상
냠냠 쩝쩝 후루룩 먹다가
공연히 웃음 터뜨리며

입안에 뱅뱅 돌며 끝내 못해 본
“여보”란 말
아직도 거기 맴돌며 있을 거야

–「흙담 아래」 부분

‘아직도 거기 있을 거야’, ‘그냥 거기 있을 거야’, ‘아직도 거기 맴돌며 있을 거야’, ‘그냥 거기 있을 거야’라는 비슷하거나 같은 말을 네 차례나 되풀이하고 있는 건 그렇게 ‘있게’ 하고 싶어 하는 마음의 완곡한 표현이라 할 수 있다.

시인의 이런 마음은 현재진행중인 사랑에도 마차가지로 스며든다. 시 「사랑」은 사랑의 어려움과 고통스러움을 말하고 있으면서도 ‘만약 당신이 오늘 이 순간 허공으로 후루룩 날아가는 / 새가 된다 해도 사다리 모서리에 힘주고 있는 나의 하루는 / 당신의 날개로 이불처럼 따뜻한 환상이 될’ 것이라고 노래하고 있기 때문이다.

조금 다른 이야기지만, 시의 텃밭이 한복이라는 발상은 짜릿한 신비감을 거느리며 다가온다. 그 한복은 ‘가슴 허리 다리 감싸는 비밀스런 성(城)’이며 ‘굴절의 시선을 따라 꽁꽁 묶은 가슴의 치마끈에 / 씨방이 들어 있어 / 세상을 향해 수줍은 머리 내밀고 있다’(「그녀의 한복은 시의 텃밭」)는 감각적 표현이 그러하다. 더구나 시가 한복에 가린 ‘보일 듯 말듯 은밀한 속살’(같은 시)에서 싹이 트고 자라나고 있지 않은가 .

그러나 이같이 반짝이는 언어들은 불면의 밤을 수없이 끌어안음으로서 싹이 트고 꽃 피울 수 있었을 것이다. 다음의 시는 지금까지 시인이 걸어온 길을 말해주면서 앞으로도 계속 나아가야 할 길이라고 말해주고 있는 것 같아 정진을 당부하면서 인용해본다.

한 톨의 볍씨
한 알의 밀알
하나의 어휘를 찾기 위해
밤샘을 한다
하루 이틀 사흘……

하나의 어휘가 온 우주를 읽는다
우주 어느 곳에 눈 하나
박혀 있을지

–「하나–현직에게」 부분

작가콜로퀴엄 시인선 ❾

비만한 도시

지은이 • 한선향

펴낸이 • 김숙자

펴낸곳 • 도서출판 작가콜로퀴엄

2010년 6월 20일 제1판 1쇄 발행

706-844 대구 수성구 지산동 1249-1

TEL 053-782-4743 FAX 053-782-4703

출판등록 1999년 6월 14일 제112호

www.taeguwriters.org, taeguwriter@hanmail.net

값 7,000원

잘못된 책은 바꿔드립니다